Bob der Baumeister™

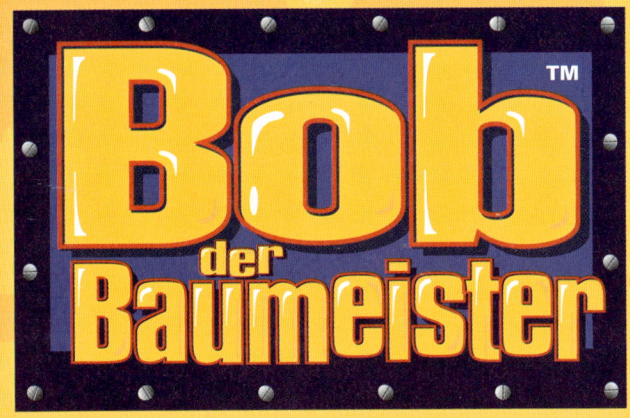

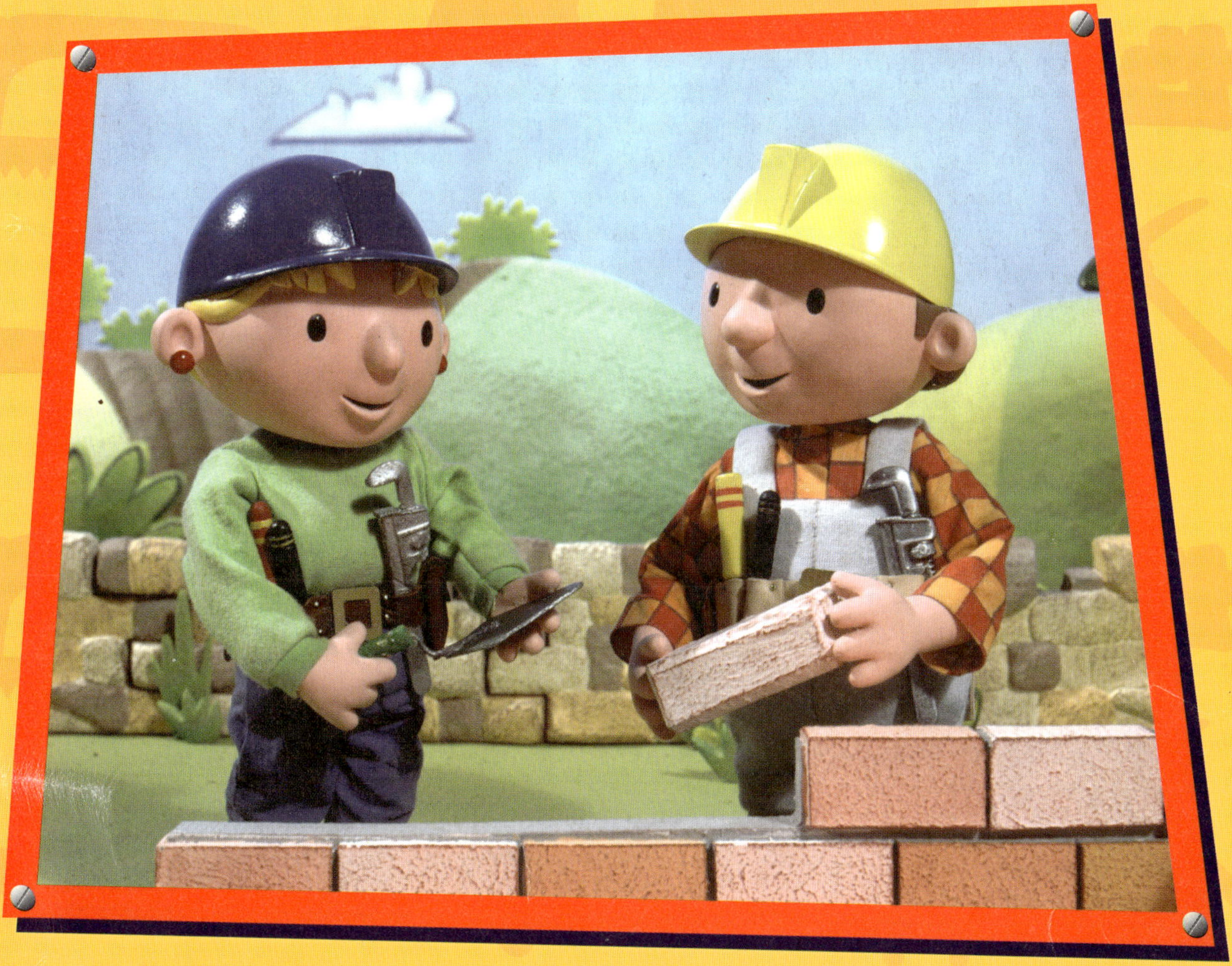

Riesengeschichtenbuch

Lustige und spannende Abenteuer mit Bob und seinen Freunden

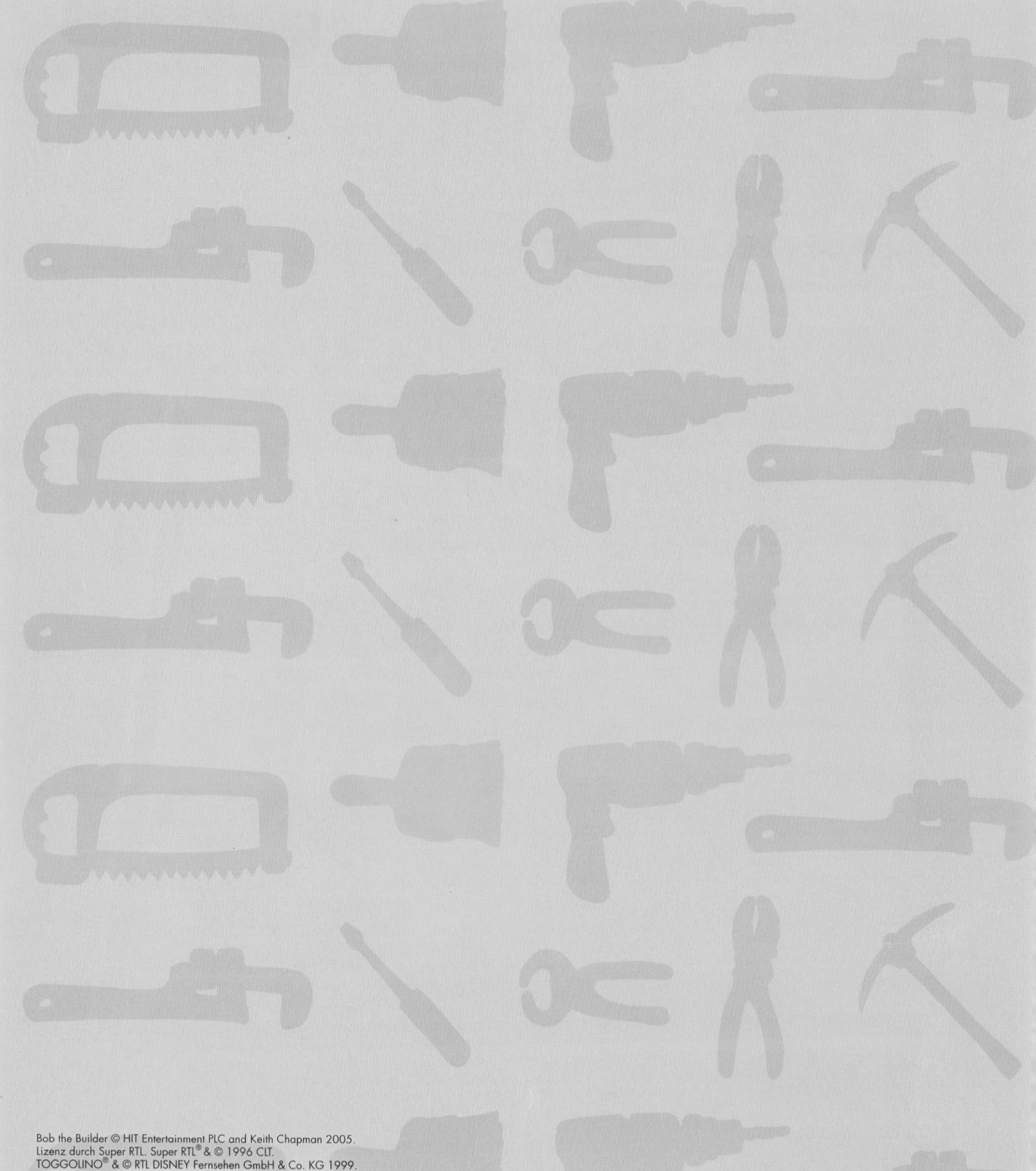

Bob the Builder © HIT Entertainment PLC and Keith Chapman 2005.
Lizenz durch Super RTL. Super RTL® & © 1996 CLT.
TOGGOLINO® & © RTL DISNEY Fernsehen GmbH & Co. KG 1999.
Based upon the television series
With thanks to HOT Animation
www.bobthebuilder.com

Riesengeschichtenbuch 1
Deutschsprachige Ausgabe 2005 by Panini Verlags GmbH,
Rotebühlstraße 87, 70178 Stuttgart
Alle Rechte vorbehalten
Dino ist ein Imprint der Panini Verlags GmbH.
Chefredaktion: Claudia Weber
Übersetzung: Ulrike Kenz
Grafik: tab visuelle kommunikation
Druck: Panini S. p. A. Modena, Italien
ISBN: 3-8332-1171-7

www.panini.de

Die Deutsche Bibliothek – CIP-Einheitsaufnahme
Ein Titeldatensatz für diese Publikation ist bei der Deutschen Bibliothek erhältlich.

INHALT

Bobs neue Stiefel
Seite 6

Schmuddel-Buddel
Seite 22

Rollo und der Rockstar
Seite 54

Bobs neue Stiefel

Eines Morgens kam Bob mit einem großen Paket in sein Wohnzimmer.
„Schau, Finn!", sagte er aufgeregt. „Der Postbote hat dies gerade geliefert. Ich bin gespannt, was drin ist."
Finn, der Goldfisch, drückte seine Nase gegen das Aquarium und schaute Bob zu, wie er das Paket öffnete.
„Meine neuen Stiefel sind gekommen!", rief Bob und hielt sie hoch, damit Finn sie sehen konnte.
„Wie findest du sie?", fragte er.
Der Goldfisch machte einen Rückwärtssalto.
Platsch! Finn mochte Bobs neue Stiefel!

„Ich glaube, ich werde meine neuen Stiefel gleich bei der Arbeit anziehen", sagte Bob. Als er in sein Baugeschäft kam, verteilte Wendy gerade die Aufgaben für den Tag an die Maschinen.
„Heppo, du arbeitest heute mit Bob", sagte sie.
„Buddel und Baggi, ihr geht mit mir."
„Guten Morgen, Wendy", rief Bob.
„Guten Morgen, Bob", antwortete Wendy.
Bob lief stolz im Baugeschäft herum.
„Wie findet ihr meine neuen Stiefel?", fragte er die anderen.
„Sie sind toll", meinte Wendy.

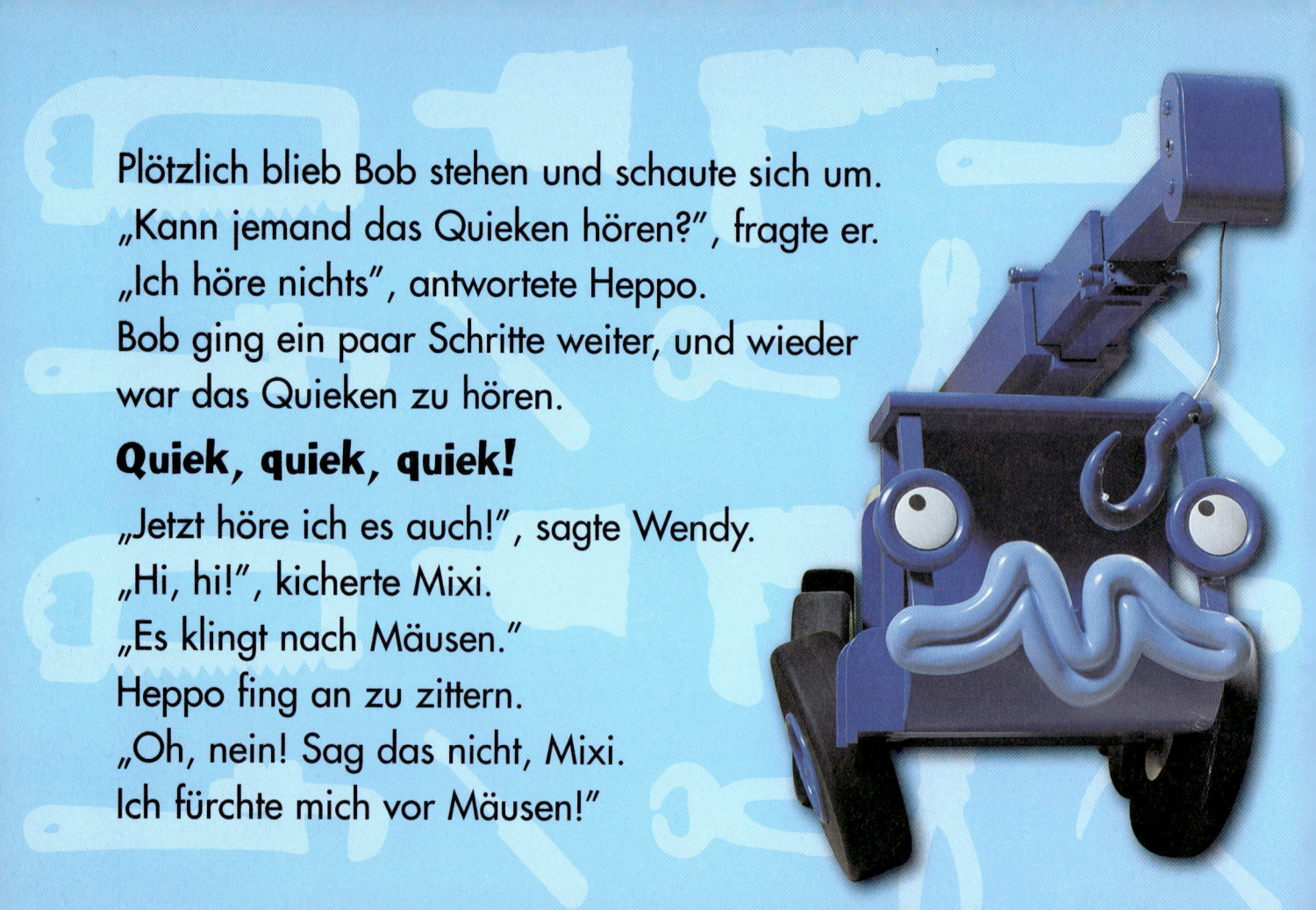

Plötzlich blieb Bob stehen und schaute sich um.
„Kann jemand das Quieken hören?", fragte er.
„Ich höre nichts", antwortete Heppo.
Bob ging ein paar Schritte weiter, und wieder
war das Quieken zu hören.

Quiek, quiek, quiek!

„Jetzt höre ich es auch!", sagte Wendy.
„Hi, hi!", kicherte Mixi.
„Es klingt nach Mäusen."
Heppo fing an zu zittern.
„Oh, nein! Sag das nicht, Mixi.
Ich fürchte mich vor Mäusen!"

Als Bob zu Wendy ging, wurde das Quieken lauter und lauter.
„Aha! Ich glaube, ich weiß, woher es kommt", sagte Wendy.
„Woher?", fragte Bob.
„Von deinen Stiefeln!", meinte Wendy und lachte. „Sie müssen eingelaufen werden, damit das Leder weich wird."
„Du hörst dich an, als müsstest du geölt werden, Bob!", gluckste Baggi.

"Ich glaube, ich gehe heute zu Fuß zur Arbeit", erklärte Bob. "Ich muss meine neuen Stiefel einlaufen! Vorwärts, Heppo!", sagte er. Dann winkte er Buddel, Baggi und Wendy zu, die in die entgegengesetzte Richtung fuhren.

Heppo ratterte langsam los. Bob ging hinter ihm her. Unter dem Arm trug er eine Dose, in der sein Mittagessen war.
Quiek, quiek, quiek!

Weiter oben am Weg saß Feder, der Vogel, und hörte Rumpel und Knolle zu. Die beiden stritten darüber, wie man am schnellsten zu Bobs Baugeschäft kommt.

„Man geht an der Kreuzung links", sagte Knolle.

„Ich bin sicher, es geht nach rechts …", murmelte Rumpel.

„Nein, nein, nein!", rief Knolle.

Da kam gerade Bauer Gurke vorbei.

Also baten sie ihn, den Streit zu schlichten.

„Man sagt, so wie ein Vogel fliegt, das ist der kürzeste Weg", antwortete er.

„Das bedeutet, der kürzeste Weg ist der, in einer geraden Linie vorwärts zu gehen."

„Los geht's, Rumpel", sagte Bauer Gurke zu seinem Traktor. „Wir müssen arbeiten."

Als sie gegangen waren, drehte sich Knolle zu Feder um und prahlte: „Ich kann schneller rennen als ein alter Vogel fliegen kann! Ich laufe mit dir bis zu Bobs Baugeschäft um die Wette!"

„Tschilp, tschilp!", zwitscherte Feder und flog davon.

Ganz in der Nähe versuchte Heppo ein schweres Gatter zu heben, aber der starke Wind machte die Sache etwas schwierig. „Ganz vorsichtig jetzt!", sagte Bob, während er das Gatter auf seinen Platz herunterließ.

„Puh! Zeit fürs Mittagessen!", meinte Bob erschöpft und öffnete seine Dose.
„Oooh, was hast du denn heute dabei, Bob?", fragte Heppo.
„Mein Lieblingsessen! Belegte Käsebrote und ein großes Stück Sahnetorte", antwortete Bob. Plötzlich wehte ein Windstoß die Papierserviette von Bobs Broten.
„**Huiii!**", rief Bob und jagte ihr hinterher.

Währenddessen rasten Knolle und Feder durch die Landschaft. Knolle hielt an, als er Bobs Dose mit den Broten und der Sahnetorte entdeckte.
"Mmmmmmm!", seufzte er und knabberte an dem Brot. Er war gerade dabei, ein großes Stück von der Torte abzubeißen. Da merkte er, dass Feder weiterflog. "Ich werde besser dieses Stück Torte aufbewahren, bis ich bei Bobs Baugeschäft bin", beschloss Knolle und rannte Feder hinterher.

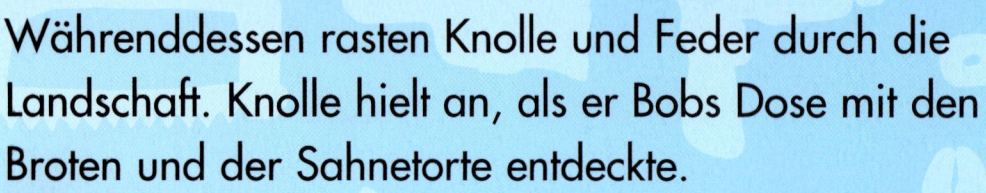

Bob jagte immer noch der Papierserviette nach.
Quiek, quiek, quiek!
Drei kleine Mäuse hörten das Geräusch und dachten:
„Das muss ein Freund sein!" Sie kamen aus dem Feld und
folgten dem Geräusch von Bobs Stiefeln.
Endlich schaffte Bob es, die Serviette zu fangen. Jetzt konnte er
zurück zu seinem Essen. Die Mäuse folgten ihm.
Als Bob zurückkam, wollte er seinen Augen nicht
trauen. „He! Wer hat meine Brote gegessen?",
rief er. „Und meine Sahnetorte ist auch
weg! Hast du etwas bemerkt, Heppo?"

Heppo wollte gerade sagen, dass er die Brote nicht gesehen hatte, als er die drei kleinen Mäuse entdeckte, die hinter Bobs neuen Stiefeln hervorpiepsten.

„Huuuch!", kreischte er und flitzte die Straße hinunter. „M...M...M...Mäuse!"

„Mäuse?", fragte Bob. „Wo?"

Aber die kleinen Mäuse waren schon wieder hinter Bobs Rücken verschwunden.

Bob rannte hinter Heppo her, und die Mäuse rannten hinter Bobs quiekenden Stiefeln her!

„Komm zurück, Heppo!", rief Bob.

Quiek, quiek, quiek!

Wendy, Buddel und Baggi füllten gerade einen Container an einer Baustelle. Da kam Feder angeflogen. Und gleich darauf raste Knolle vorbei.
„Hallo, Wendy!", rief Knolle. „Kann leider nicht anhalten! Tschüs!"
„Was ist denn da los?", wunderte sich Wendy.

Im Hof von Bobs Baugeschäft döste Rollo vor sich hin und Mixi spielte. Da kam plötzlich Heppo hereingebraust.
„He, was ist denn los, Heppo?", polterte Rollo verschlafen.
„M...M...Mäuse!", stotterte Heppo.
„Sie verfolgen mich!"

Kurz darauf kam auch Bob angelaufen.
„Heppo, da sind keine Mäuse. Schau!", sagte Bob und drehte sich um. Aber dieses Mal blieben die Mäuse stehen. Jetzt konnte Bob sie auch sehen.
„Oh", sagte Bob. „Heppo, du hattest Recht!"
Die drei kleinen braunen Mäuse schauten zu Bob hoch.

Bob ging im Kreis herum und die Mäuse folgten ihm.
„Ha, ha! Schaut! Sie mögen meine quiekenden Stiefel!"
„Ich mag trotzdem keine Mäuse", zitterte Heppo.

In diesem Moment flitzte Feder in Bobs Baugeschäft und landete auf Heppo. Einen Augenblick später raste Knolle herein und schnappte nach Luft.

„Ich habe gewonnen!", rief er. „Ich war schneller hier als Feder!"
„Tschilp, tschilp!", zwitscherte Feder stolz.
„Oh, nein!", brummte Knolle, als er Feder entdeckte.
„Aber wenigstens kann ich jetzt meine Sahnetorte essen."
„Ist das nicht **meine** Torte?", fragte Bob streng.
„Du weißt doch, dass du Dinge anderer Leute nicht nehmen sollst ohne zu fragen."
„Entschuldige, Bob", murmelte Knolle. Betreten starrte er auf den Boden, wo er die drei Mäuse sah, die hungrig zu ihm hochschauten.
„Geht weg!", schrie er.

Als Wendy, Buddel und Baggi in Bobs Baugeschäft kamen, sahen sie gerade noch, wie Knolle die Straße hinunter rannte. Die drei Mäuse rannten hinter ihm her.
„Lasst mich in Ruhe!", kreischte Knolle.
„**Quiek, quiek, quiek!**", machten die Mäuse, als sie ihm die Straße hinunterfolgten.

„Hallo, Wendy!", rief Bob und ging auf Wendy zu.
„Bob! Deine Stiefel quieken nicht mehr", sagte Wendy.
„Ich muss sie mit all dem Herumrennen heute eingelaufen haben", kicherte Bob.

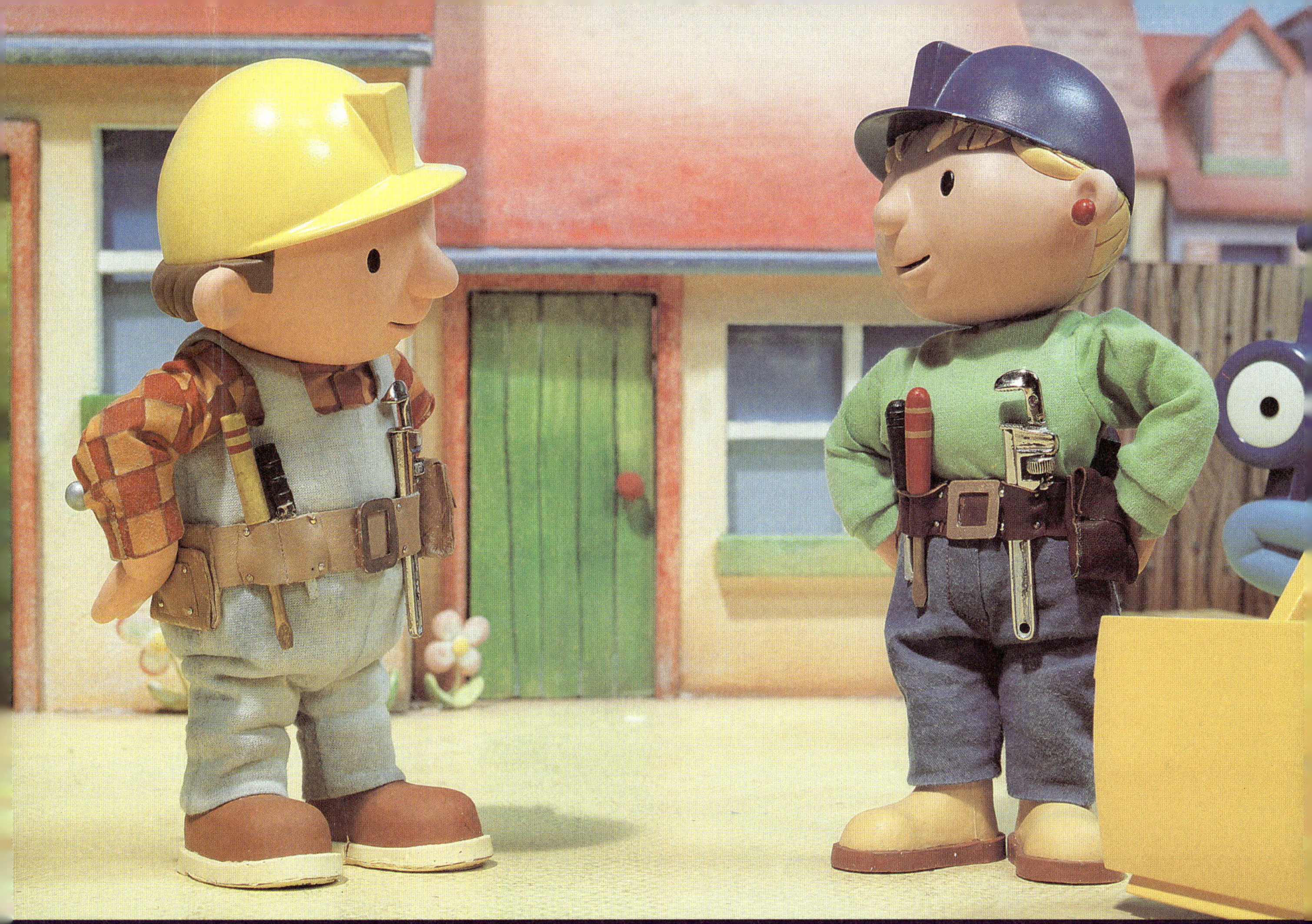

„Hattest du einen anstrengenden Tag?", fragte Wendy. „Eigentlich nicht", antwortete Bob. „Man könnte auch sagen, er war so ruhig, dass man die Mäuse quieken hören konnte.

Ende

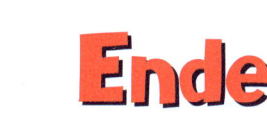

Schmuddel-Buddel

Nach einem verregneten Tag war der Hof des Baugeschäfts voller Pfützen. Mixi langweilte sich furchtbar. „Bitte, können wir nach draußen gehen und spielen?", fragte sie Bob.
„Nein, Mixi", sagte er. „Weil du dann schmutzig wirst! So wie Baggi und Buddel."

„Aber es ist schön, wenn man schmutzig ist!", rief Buddel.

Wendy war auf dem Bauernhof und reparierte
die Dachrinne an Bauer Gurkes Dach.
„Wie geht's voran?", rief Bauer Gurke ihr zu.
„Es sieht nicht gut aus", antwortete Wendy.
„Nicht nur die Dachrinne ist kaputt,
auch das Abflussrohr hat ein Loch.
Heppo und ich werden noch ein
bisschen zu tun haben."

Auf dem Hof des Baugeschäfts zog Bob seine Schürze an und füllte einen Eimer mit warmem Seifenwasser. „Wer möchte als Erster gewaschen werden?", fragte er.
„Oh, ich bitte!", kicherte Mixi.
„Du bist doch gar nicht schmutzig!", lachte Bob. „Ich fange mit Baggi an."
Buddel drückte sich eng an Rollo und sagte: „Ich bin froh, dass ich nicht der Erste bin. Ich möchte nicht gewaschen werden. Ich mag es, wenn ich schmutzig bin."
„Du bist eben ein richtiger **Schmuddel-Buddel!**", gluckste Rollo.

Bob schäumte Baggi kräftig ein. Dann schloss er den Schlauch an den Wasserhahn an, um Baggi abzuspritzen. Er merkte nicht, dass sein Fuß auf dem Schlauch stand und das Wasser blockierte.
„Was ist denn jetzt los?", wunderte sich Bob und starrte auf die leere Düse. Dann hob er seinen Fuß. Plötzlich spritzte das Wasser in sein Gesicht und auf den ganzen Hof.
„Oh, neiiin!", rief Bob.

Während des Regens hatte sich Knolle in Rumpels
Anhänger unter eine wasserdichte Plane gelegt.
Als er sah, dass es nicht mehr regnete, schlug er sie
zur Seite und sprang heraus.
„Danke, Rumpel", sagte er. „Ich hasse es, nass zu werden."
„Ist schon in Ordnung", sagte Rumpel und drehte sich
um, um loszufahren. Seine Räder drehten sich zwar,
aber Rumpel kam nicht vorwärts.
Er steckte im Schlamm fest.
„Ich werde hier niemals
herauskommen!",
jammerte er.
„Halte durch!",
sagte Knolle.
„Ich gehe und
hole Bauer Gurke."

Auf dem Hof des Baugeschäfts war Bob gerade damit fertig, Baggi zu waschen. Jetzt strahlte der Lack wieder in hellem Gelb.

„Gut, nun bist du an der Reihe, Buddel", sagte Bob.

„Kann Rollo vor mir drankommen?", bettelte Buddel.

„Hast du etwa Angst vor einem Tropfen Wasser?", lachte Bob.

„Nein, natürlich nicht", sagte Buddel ziemlich nervös.

In diesem Moment klingelte Bobs Handy. „Warte einen Moment, Buddel", sagte er. Nachdem er sein Gespräch beendet hatte, drehte sich Bob zu den Maschinen um: „Das war Bauer Gurke. Rumpel steckt im Schlamm fest!"
„Ich kann ihn herausziehen!", rief Baggi.
„Deine Räder würden auch stecken bleiben", überlegte Bob. „Ich glaube, ich brauche Buddel. Seine Raupenräder sind für solche Aufgaben am besten geeignet."
„So ein Glück", flüsterte Buddel Rollo zu. „Jetzt kann ich schmutzig bleiben!"
„Bob, bitte kann ich auch mitkommen?", fragte Mixi.
„In Ordnung", sagte Bob.
„Hurra!", quietschte Mixi.
„Schaffen wir es, Rumpel zu retten?", rief Bob.
„Yo, wir schaffen das!", riefen die Maschinen zurück.

Bob, Buddel und Mixi machten sich auf den Weg
zum Bauernhof.
„Notfall! Tatü! Tata!", quietschte Mixi und tat so,
als ob sie eine Polizeisirene hätte.
Als sie auf dem Feld ankamen, sahen
sie, dass Rumpel tief im Schlamm
feststeckte.
„Keine Sorge, Rumpel", sagte Bob.
„Wir holen dich da raus."

Bob nahm ein Seil und band
das eine Ende um Rumpels
Achse. Das andere Ende
befestigte er an Buddels Anhängerkupplung.
„Buddel, schaffst du es ihn abzuschleppen?", rief Bob.
„**Yo ... ufff!**", stotterte Buddel und strengte sich an,
seine Raupenräder zu bewegen. „**Yo, ich schaffe das!**"
Während Buddel zog, so fest er konnte, begannen sich
Rumpels Räder zu drehen. Plötzlich gab es einen Ruck.
Buddel und Rumpel machten einen Satz vorwärts.
Dabei spritzte der Schlamm nach allen Seiten!

39

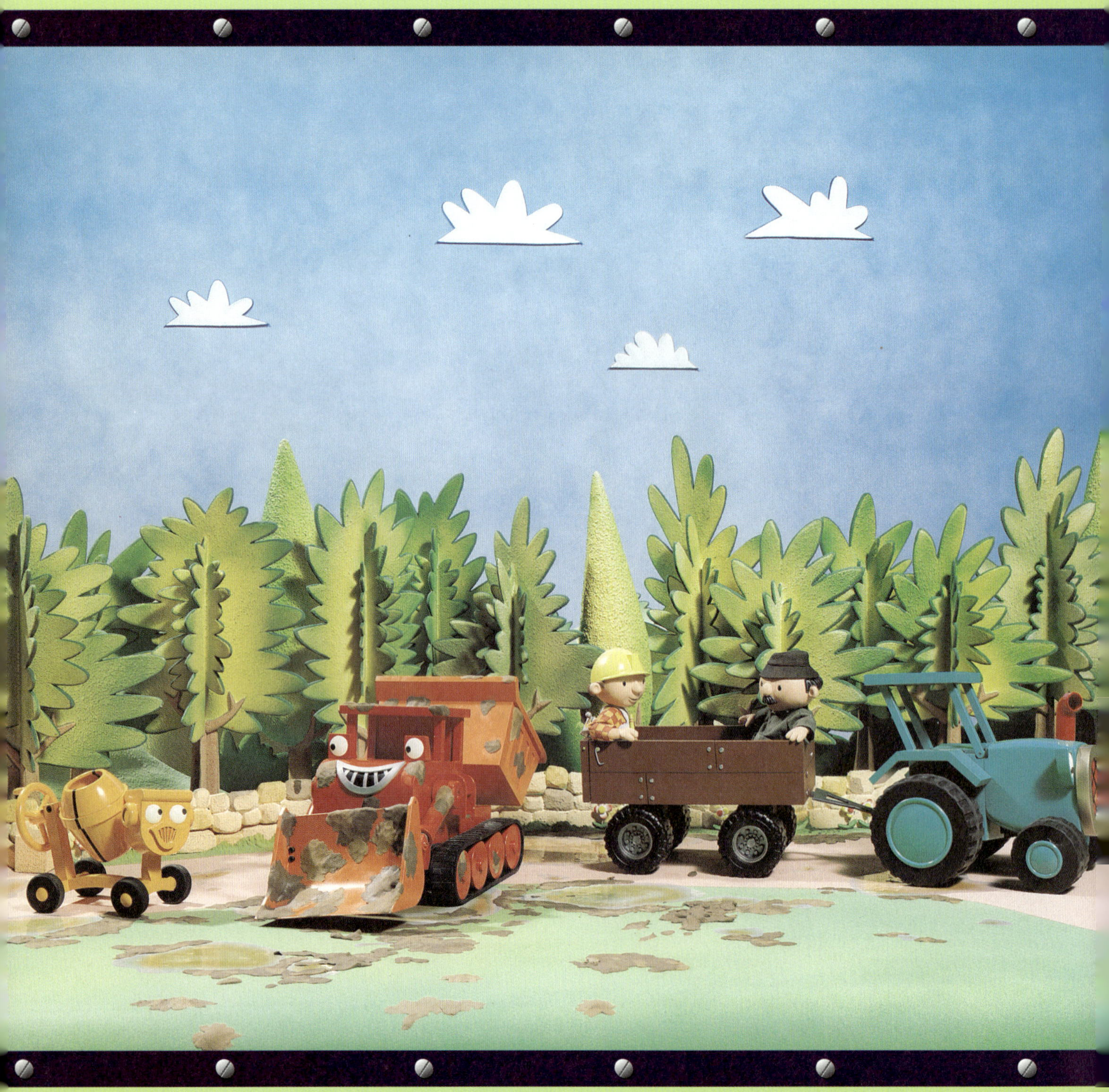

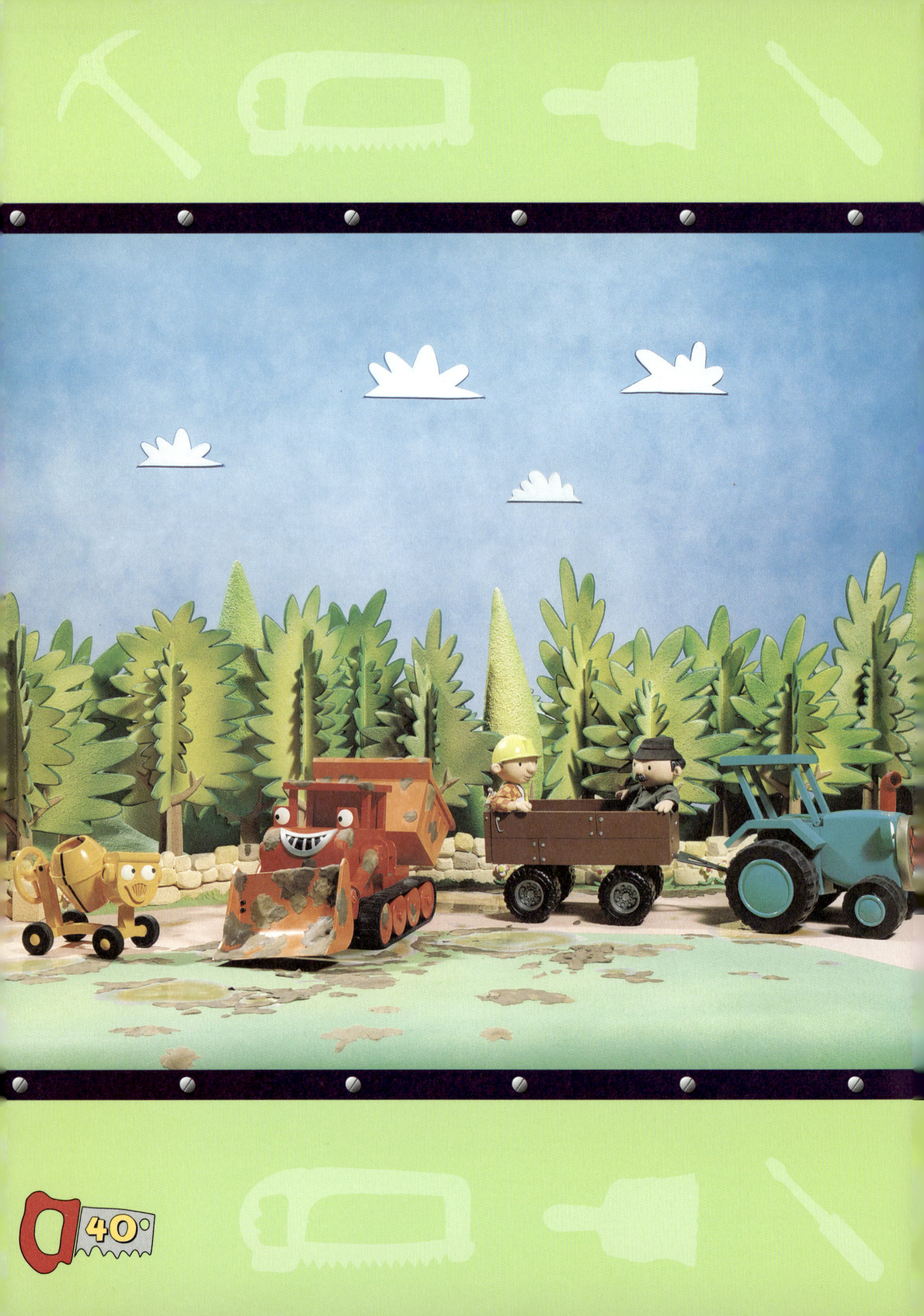

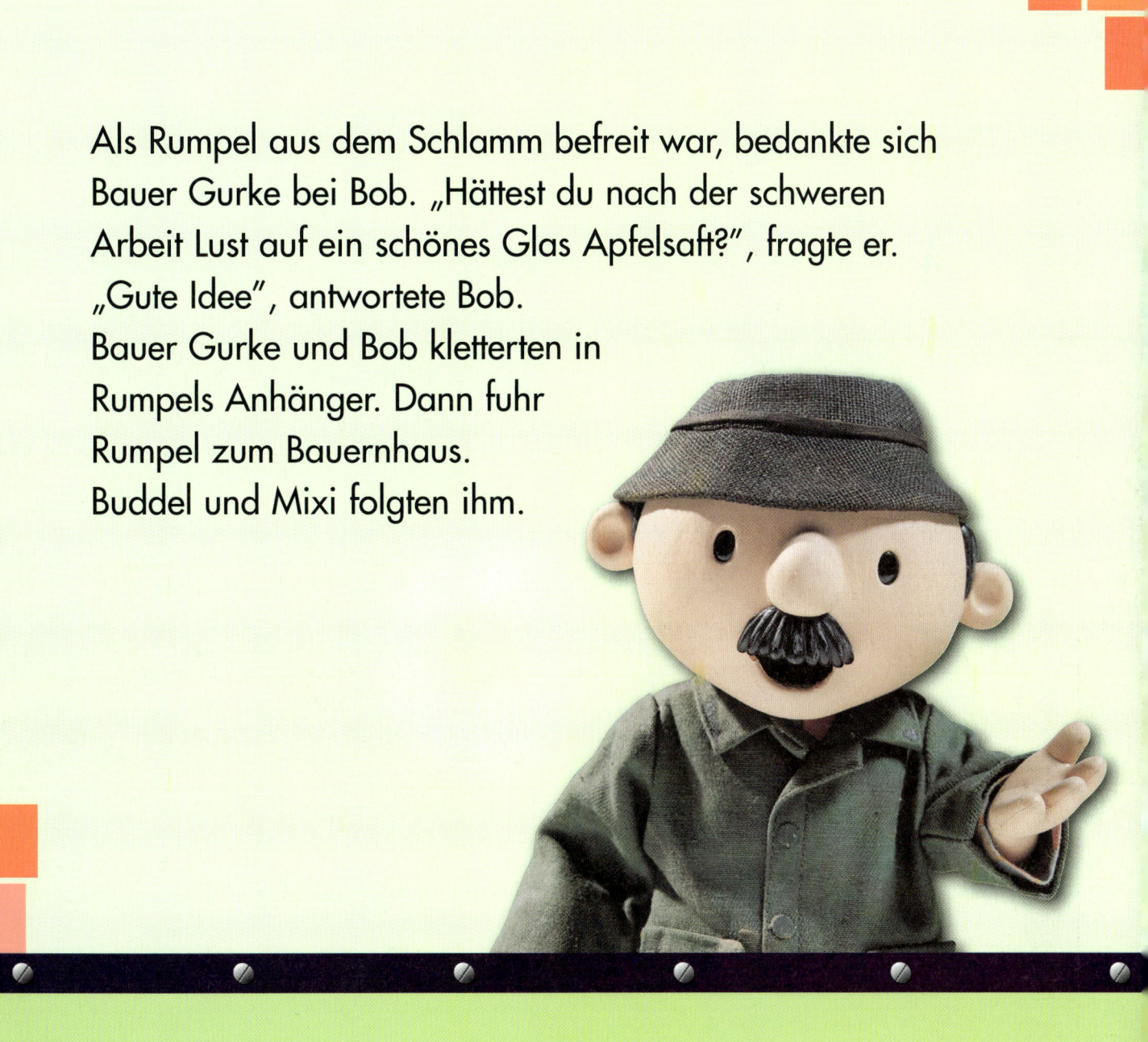

Als Rumpel aus dem Schlamm befreit war, bedankte sich
Bauer Gurke bei Bob. „Hättest du nach der schweren
Arbeit Lust auf ein schönes Glas Apfelsaft?", fragte er.
„Gute Idee", antwortete Bob.
Bauer Gurke und Bob kletterten in
Rumpels Anhänger. Dann fuhr
Rumpel zum Bauernhaus.
Buddel und Mixi folgten ihm.

Als sie die Straße entlang tuckerten, tauchte plötzlich Knolle auf. Er hatte einen großen Klumpen Schlamm in der Hand. „He, Mixi, hierher!", rief er. Mixi drehte sich um, und Knolle warf den Klumpen genau in ihr Gesicht.

Platsch!

„Oh, das ist ja ganz matschig!", rief Mixi und kicherte.

Knolle nahm einen größeren Schlammklumpen und warf ihn auf Buddel.

„Eine Schlammschlacht!", schrie Buddel und freute sich.

In ihrer Aufregung vergaßen Mixi und Buddel, hinter Rumpel und Bob herzufahren.

43

44

Als Bob an Bauer Gurkes Haus ankam, traf er Heppo und Wendy, die den letzten Teil der Dachrinne befestigten.
„Wie kommt ihr voran?", rief er.
„Bestens", antwortete Wendy. „Habt ihr es geschafft, Rumpel aus dem Schlamm zu ziehen?"
„Ja. Buddel hat es geschafft", sagte Bob. Er drehte sich um und wollte Buddel loben. Aber Buddel war nicht da.
„Wo sind denn Buddel und Mixi geblieben?", wunderte sich Bob.

46

Buddel war immer noch auf dem Feld und hatte Spaß an der Schlammschlacht.
„Als ich so klein war wie du, Mixi, bin ich dauernd durch diesen tollen, weichen Schlamm gefahren!", sagte er.
„**Jippiie!**", quietschte Mixi. Sie warf sich auf den Rücken und wälzte sich im Schlamm wie ein junger Hund.
Plötzlich hörten sie Bobs Stimme:
„Mixi! Buddel! Was ist denn hier los?"
„Äh, wir machen nur eine Schlammschlacht", murmelte Buddel.
„Wir haben uns Sorgen gemacht!", sagte Bob. „Ihr kommt besser sofort zum Bauernhof. Bauer Gurke hat eine Überraschung für euch."

48

Auf dem Bauernhof mussten sich Buddel,
Mixi und Knolle in einer Reihe aufstellen.
„Macht die Augen zu!", rief Bob.
„Oh, eine Überraschung!", freute sich Knolle.
„Fertig?", fragte Bob, als Wendy und
Bauer Gurke aus dem Haus kamen.
Sie hatten Eimer mit Seifenwasser dabei.
„Fertig!", lachte Wendy.

Wendy tauchte ihre Bürste ins Wasser und begann,
den Schlamm von Mixis Mischtrommel zu waschen.
„Hihi, das kitzelt!", kicherte Mixi.
Buddel wollte seine Augen öffnen, als er Mixi kichern hörte.
„Nicht schummeln, Buddel!", rief Wendy.
Dann war Buddel auch schon an der Reihe. Als Wendy ihn
mit Wasser abspritzte, bekam er einen furchtbaren Schreck.
„Ihhh!", jammerte er.
„Jetzt bist du dran, Knolle", sagte Bauer Gurke.
„Oh, nein!", rief Knolle. Er drehte sich um und wollte
weglaufen, aber er rutschte
im Schlamm aus.

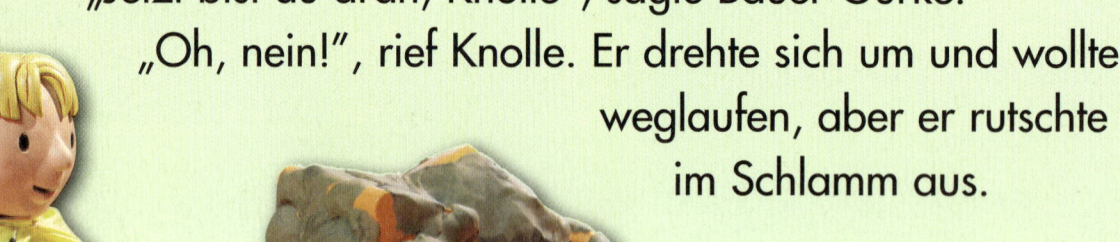

51

52

„Aua!", jammerte Knolle. Er war direkt aufs Gesicht gefallen. Dabei hatte sich seine Nase verbogen. Aber davon ließ er sich die Laune nicht verderben. Verschmitzt fragte er: „Hat vielleicht jemand eine neue Rübe?"

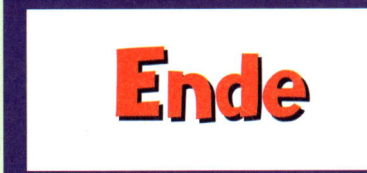

Ende

Rollo und der Rockstar

Es war ein sehr sonniger Morgen.
Bob schaute auf das Barometer an der Wand.
„Oh! Heute wird es sehr heiß werden!",
stellte er fest.
Finn, Bobs Fisch, planschte mit seiner
Schwanzflosse im Wasser herum.
„Ich wünschte, ich könnte den ganzen Tag
herumschwimmen und im Kühlen bleiben
wie du!", lachte Bob.

Als Bob in den Hof des Baugeschäfts kam, war Wendy gerade dabei, Werkzeuge in Buddels Schaufel zu laden.
„Guten Morgen, alle miteinander!", grüßte Bob.
„Guten Morgen, Bob!", antworteten Wendy und die Maschinen.
„Wir haben heute zwei große Aufträge zu erledigen", erklärte Bob den Maschinen.
„Ich muss einen Teich in Lennie Liesenbergs Vorgarten bauen, und Wendy wird einen Lehrpfad im Naturpark anlegen."
„Mensch!", rumpelte Rollo. „Lennie Liesenberg ist der Sänger von ‚The Lazers'. Sie sind meine Lieblingsmusiker!"
„Vorwärts, Mannschaft. Lasst uns gehen!", sagte Bob.

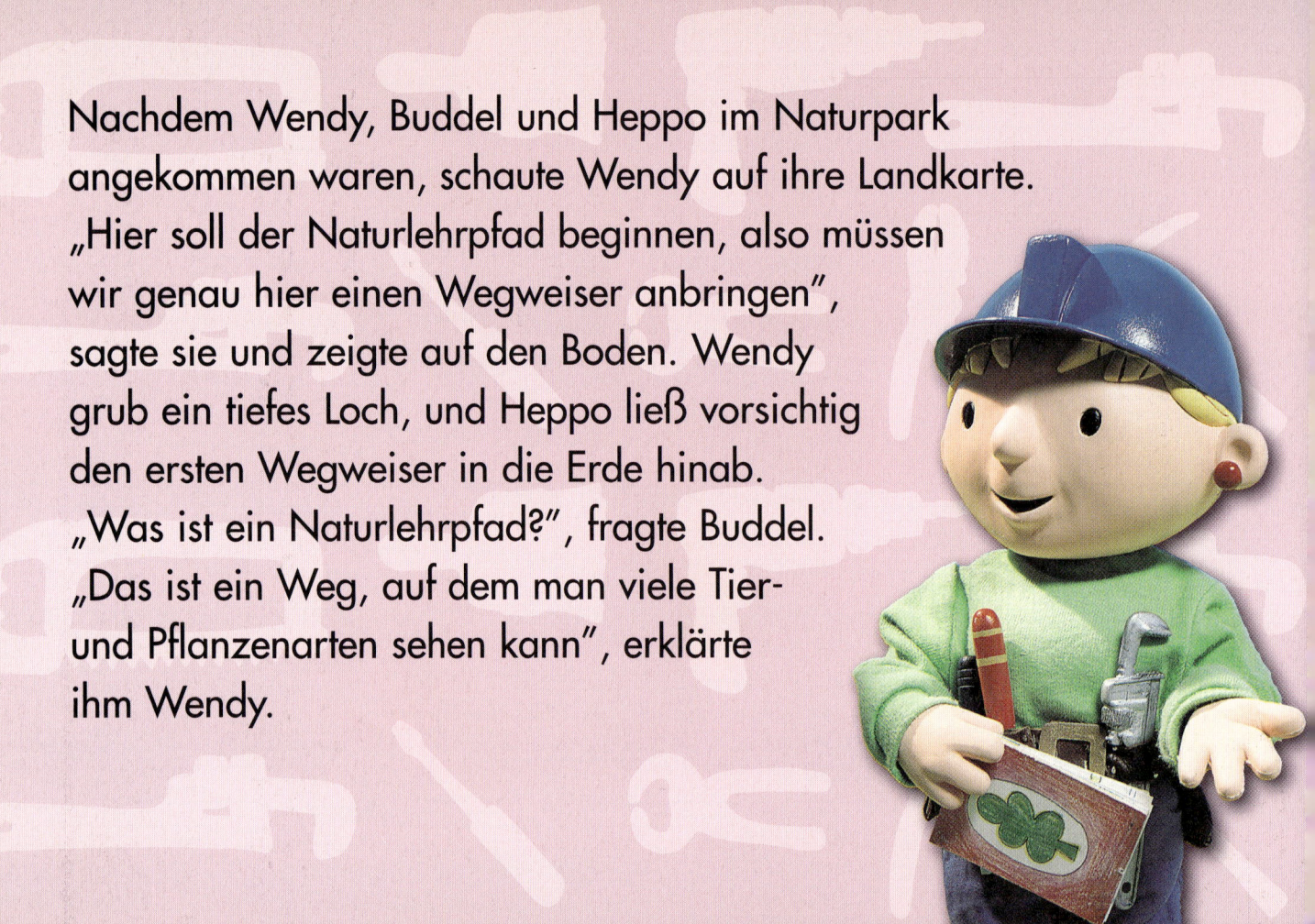

Nachdem Wendy, Buddel und Heppo im Naturpark angekommen waren, schaute Wendy auf ihre Landkarte. „Hier soll der Naturlehrpfad beginnen, also müssen wir genau hier einen Wegweiser anbringen", sagte sie und zeigte auf den Boden. Wendy grub ein tiefes Loch, und Heppo ließ vorsichtig den ersten Wegweiser in die Erde hinab. „Was ist ein Naturlehrpfad?", fragte Buddel. „Das ist ein Weg, auf dem man viele Tier- und Pflanzenarten sehen kann", erklärte ihm Wendy.

Ein Stück weiter schauten Buddel und Wendy wieder auf die Karte. Sie mussten herausfinden, wo der nächste Wegweiser aufgestellt werden sollte. Während sie überlegten, hüpfte ein kleines Entchen direkt vor Heppo.
„**Quack!**", machte es.
„Oje!", jammerte Heppo.
„Was ist denn los, Heppo?", rief Wendy.
„Ein großes, gelbes, laut schnatterndes Ding ist hier gerade herausgesprungen", rief er.
„War es vielleicht eine Ente?", fragte Wendy. Aber das Entchen war schon wieder im Gebüsch verschwunden.
„Ich sehe keine Enten. Du träumst, Heppo!", sagte Buddel.

Heppo hielt ängstlich nach diesem gelben Ding Ausschau, während Buddel und Wendy eine Leiter über einen Zaun bauten. Plötzlich watschelten zwei kleine Entchen an Heppo und Buddel vorbei.
„Oje, oje!", wimmerte Heppo und duckte sich hinter einen Busch.

Dann tauchte ein weiteres Entchen auf Heppos Ausleger auf!
„Heppo, du hattest Recht! Hallo, ihr kleinen Entchen!",
sagte Wendy.
„Oooh, Wendy! Nimm es weg!", rief Heppo.
„Du Dummerchen", lachte Wendy. „Die kleinen Enten
haben mehr Angst vor dir als du vor ihnen!"
„Aber ich würde ihnen doch niemals wehtun",
sagte Heppo.
„Ich weiß, aber manchmal erschrickt
man ohne ersichtlichen Grund vor etwas.
Ich frage mich, warum die Entchen so weit
weg vom Teich sind?", überlegte Wendy.
„Kommt, bringen wir sie zurück
zum Wasser."

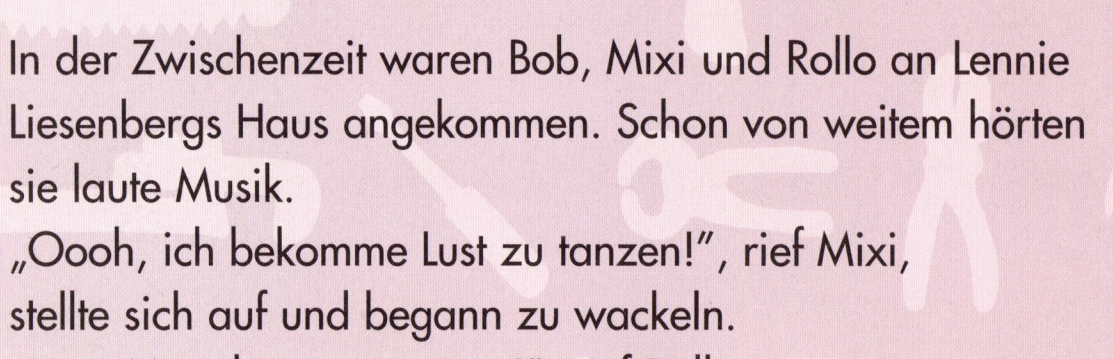

In der Zwischenzeit waren Bob, Mixi und Rollo an Lennie Liesenbergs Haus angekommen. Schon von weitem hörten sie laute Musik.
„Oooh, ich bekomme Lust zu tanzen!", rief Mixi, stellte sich auf und begann zu wackeln.
„Hey, Mixi, lass uns tanzen!", rief Rollo.
„Tschilp! Tschilp!", zwitscherte Feder, der Vogel, und hüpfte auf Rollos Dach auf und ab.

Während Rollo und Mixi tanzten, grub Baggi ein großes Loch für den Teich. Dann legte Bob es mit einer wasserdichten Folie aus.
„Ich brauche eine Menge Beton für den Steingarten um den Teich", sagte Bob zu Mixi.
„Beton kommt sofort!", kicherte Mixi.
Bob befestigte mit Mixis Beton die Steine am Rand des Teiches.
„Jetzt müssen wir warten, bis der Beton fest geworden ist. Dann gebe ich dem Teich den letzten Schliff – mit einem Springbrunnen!", sagte Bob.

Lennie Liesenberg kam in den Garten, als Bob gerade den Springbrunnen ausprobieren wollte.
„Hallo, Herr Liesenberg", grüßte Bob.
„Hey, nenn mich doch einfach Lennie!", antwortete der Rockstar.
„Oh, äh, in Ordnung, Lennie", stotterte Bob.
Da stürmte Rollo heran: „Lennie, ich finde deine Musik richtig gut!"
„Prima! Vielleicht sollten wir irgendwann mal zusammen spielen", meinte Lennie.
„Oh ja! Das wäre toll!", antwortete Rollo begeistert.
Bob drückte auf den Schalter an der Wand und schon sprudelte Wasser aus dem Springbrunnen.

„Klasse!", sagte Lennie. „Wir sehen uns später."
Als Lennie zurück ins Haus ging, seufzte Rollo:
„Ist er nicht prima?"
„Ja, schon ... Aber er sieht gar nicht aus wie
einer, der noch gerne spielt", meinte Bob.
Rollo platzte fast vor Lachen. „Ha, ha, ha!
Lennie meint damit doch nicht, dass er
mit Spielzeug spielen will! Er meint,
dass er auf Instrumenten spielen will.
Er möchte mit uns zusammen Musik
machen!"
„Oh, diese Art von Spielen", sagte Bob
ein wenig betreten. „Ich Dummkopf!"

Währenddessen hatte Wendy den Ententeich im Park gefunden.

„Es war in letzter Zeit so heiß, dass der Teich ausgetrocknet ist", stellte sie fest.

„Arme kleine Entchen, sie haben ein neues Zuhause gesucht!", sagte Buddel.

„Wo ist eigentlich ihre Mutter?", fragte Heppo.

„Ich weiß nicht", antwortete Wendy, „aber wir sollten uns um die Entchen kümmern, bis ihre Mutter zurückkommt. Bob hat doch für Lennie Liesenberg gerade einen Teich gebaut. Lasst uns nachsehen, ob dort Platz für sie ist."

„Hallo, Bob", sagte Wendy, als sie bei Lennie Liesenbergs Haus ankamen.
„Hallo, Wendy", sagte Bob.
„Quack! Quack!", machten die kleinen Entchen, die in Buddels Schaufel saßen.
„Sie haben ihre Mutter verloren, und ihr Teich im Park ist ausgetrocknet", erklärte Wendy. „Äh, Herr Liesenberg, könnten die Entchen vielleicht in Ihrem Teich bleiben?"
„Das ist eine großartige Idee! Enten sind echt klasse!", antwortete Lennie.

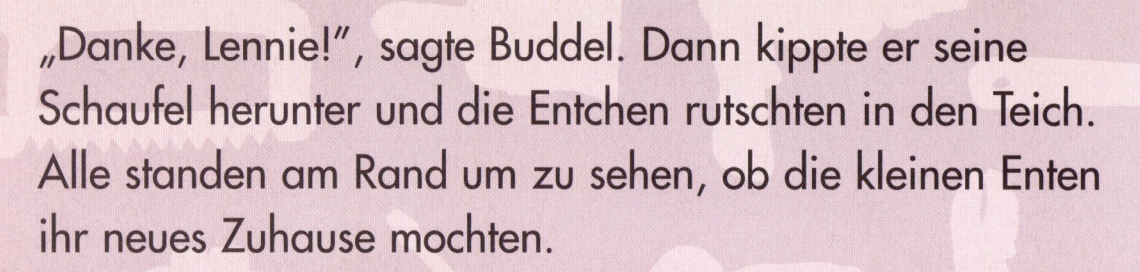

„Danke, Lennie!", sagte Buddel. Dann kippte er seine Schaufel herunter und die Entchen rutschten in den Teich. Alle standen am Rand um zu sehen, ob die kleinen Enten ihr neues Zuhause mochten.

„**Quack! Quack! Quack!**",

schnatterten die Entchen und spritzten im Wasser herum. Dann hüpfte eine kleine Ente aus dem Teich und watschelte zu Heppo. „Ha, ha! Jetzt hast du keine Angst mehr vor mir", gluckste Heppo.

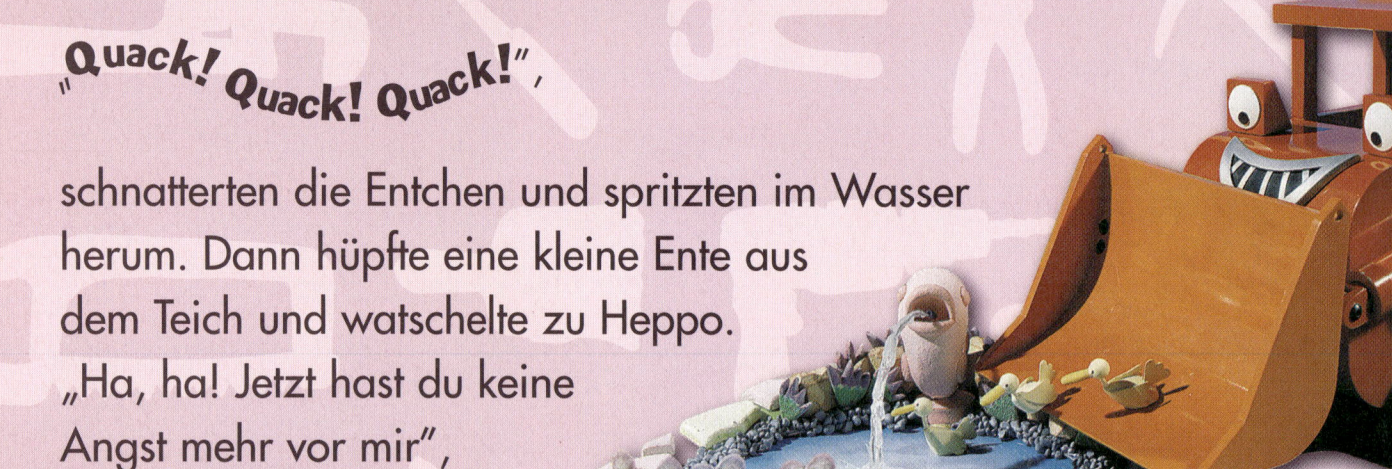

In diesem Augenblick watschelte eine große Ente
über Lennies Rasen und hüpfte direkt in den Teich.
Sofort schwammen die drei kleinen Entchen zu ihr.
„Das ist die Entenmutter!", rief Mixi.
„Sie muss nach einem neuen Zuhause gesucht
haben, und jetzt hat sie eins gefunden",
freute sich Bob.
„Hey, lasst uns feiern!",
rief Lennie. „Soll ich
euch mein neues
Lied vorsingen?"
„Oh ja! Das wäre super!",
quietschte Mixi.

Lennie begann auf seiner elektrischen Gitarre zu spielen. Bob, Wendy und alle Maschinen tanzten zu seiner Musik im Garten herum.

„**Bauarbeiter, können wir das schaffen?**", sang Bob.
„**Bob, der Meister, yo, wir schaffen das!**", antwortete Wendy singend. Bald stimmten alle Maschinen in das Lied mit ein. Rollo und Mixi sangen besonders laut mit!

„Hey, klasse Gesang, Rollo! Vielleicht könntest du auf meiner nächsten Platte mitsingen", sagte Lennie.
„Oh ja! Das würde ich gerne tun!", seufzte Rollo glücklich.

Ende

Bob der Baumeister

Neue Abenteuer mit Bob und seinen Freunden

Band 15, ISBN 3-8332-1027-3 — Abenteuer auf der Ritterburg

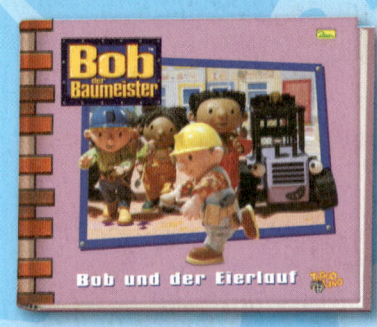

Band 16, ISBN 3-8332-1028-1 — Bob und der Eierlauf

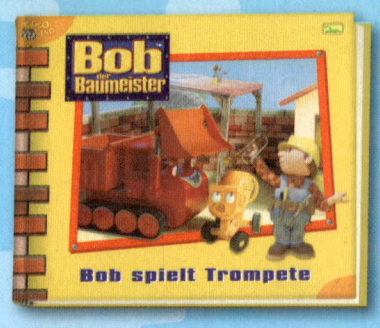

Band 17, ISBN 3-8332-1053-2 — Bob spielt Trompete

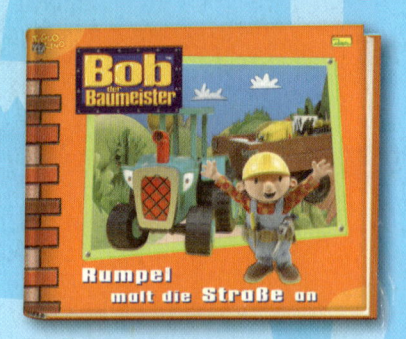

Band 18, ISBN 3-8332-1054-0 — Rumpel malt die Straße an

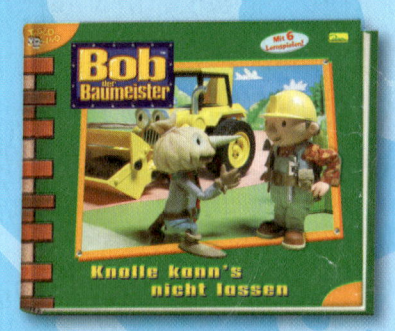

Band 19, ISBN 3-8332-1131-8 — Knolle kann's nicht lassen

Band 20, ISBN 3-8332-1132-6 — Bob und die Modelleisenbahn

Band 21, ISBN 3-8332-1233-0

Band 22, ISBN 3-8332-1234-9

Ab Juli im Handel!

Vorläufiges Cover

© HIT Entertainment PLC and Keith Chapman 2005. The Bob the Builder name and character, related characters and the Bob figure and riveted logos are trademarks of HIT Entertainment PLC. Reg. US. Pat. & Tm. Off. and in the UK and other countries. Lizenz durch Super RTL. Super RTL® & TOGGOLINO® & © 1996 CLT. DISNEY Fernsehen GmbH & Co. KG 1999.

www.panini.de

www.bobthebuilder.com